NOTICE BIOGRAPHIQUE

SUR

RALLIER DU BATY

MAIRE DE RENNES

De 1695 à 1734

NOTICE BIOGRAPHIQUE

SUR

RALLIER DU BATY

MAIRE DE RENNES

DE 1695 A 1734

Par Lucien DECOMBE

Membre de la Société d'Archéologie d'Ille-&-Vilaine

RENNES

IMPRIMERIE ALPH. LEROY FILS, RUE LOUIS-PHILIPPE.

1875

EN PRÉPARATION

POUR PARAITRE PROCHAINEMENT :

NOTICE BIOGRAPHIQUE

SUR

LEPERDIT

MAIRE DE RENNES

En 1793

À Monsieur P. Martin,

MAIRE DE RENNES,

CHEVALIER DE LA LÉGION D'HONNEUR.

Monsieur le Maire,

Lorsque vous avez eu la louable pensée d'honorer la mémoire de Rallier, l'un des plus anciens Maires de Rennes, en faisant placer son portrait à l'Hôtel-de-Ville, j'ai voulu esquisser à grands traits la vie de ce magistrat, respectable entre tous, qui pendant trente-neuf ans fut à la tête de la Municipalité Rennaise.

Permettez-moi, Monsieur le Maire, de vous offrir ces pages. En les écrivant, je n'ai eu d'autre but que de faire un peu mieux connaître l'homme de bien, le citoyen utile et dévoué dont le nom est encore aujourd'hui dignement et fièrement porté par ses descendants.

Veuillez agréer,

Monsieur le Maire,

l'hommage de mon respect et de mon dévouement.

Lucien DECOMBE.

Rennes, mars 1875.

NOTICE BIOGRAPHIQUE

SUR

RALLIER DU BATY

MAIRE DE RENNES

DE 1695 A 1734

I

Toussaint-François RALLIER, sieur DU BATY, naquit à Rennes le 1er août 1665, ainsi que nous l'apprend l'extrait ci-après des registres de la paroisse de Saint-Germain :

« Toussaint-Françoys, fils de noble homme Toussaint Ral-
» lier, sieur du Baty, advocat en la Cour et conseiller du Roy,
» receveur ancien des décimes de l'Evesché de Rennes, et
» de Damoiselle Marguerite Le Breton, sa femme et com-
» pagne, fut baptisé le premier jour d'aoust mil six cent
» soixante-cinq. Le parrain fut noble homme Julien-Fran-
» çoys Rallier, la marraine Damoiselle Marguerite Rallier,
» sœur et frère. »

Comment se passèrent l'enfance et la jeunesse de Rallier ? Nous l'ignorons, et ses biographes sont muets à cet égard.

Ce n'est que trente ans plus tard que nous retrouvons le nom de Rallier, au moment où des lettres patentes du roi Louis XIV, en date du 17 juillet 1695, vinrent lui conférer, moyennant finance, le titre et l'office de Maire de Rennes : « Louis, par la grâce de Dieu, etc..... Sçavoir faisons que » pour l'entière confiance que nous avons en la personne de » notre amé Toussaint-Françoys Rallier, sieur du Baty, en ses » sens, suffisance, loyauté, prudhomie, expérience, pour ces » causes Nous lui avons donné et octroyé, donnons et oc- » troyons par ces présentes l'office de nostre Conseiller Maire » de la ville et communauté de Rennes..... » Rallier fut ins- tallé dans ses fonctions le 15 septembre 1695, et à partir de ce jour il se dévoua. tout entier aux intérêts de sa ville natale.

Vingt-deux années se passèrent pendant lesquelles la ville de Rennes goûta paisiblement les bienfaits d'une adminis- tration sage et éclairée, quand tout à coup un édit royal du mois de juin 1717 supprima l'office de maire, dans un but purement fiscal, et au mépris des priviléges qu'Henri IV avait accordés à la ville : les maires redevenaient procureurs-syn- dics, comme avant 1692.

La spoliation violente dont était victime le chef du Corps de Ville, l'atteinte portée à la dignité de l'Assemblée munici- pale, décidèrent la Communauté à réclamer près du roi et à lui demander d'être maintenue et confirmée dans le droit d'élire un maire suivant les édits de 1592 et de 1604. Le 26 août 1717, la Communauté adoptait la rédaction du placet suivant, que nous croyons intéressant de reproduire en en- tier. On y verra que, sous une forme en apparence humble et respectueuse, le Corps de Ville revendiquait avec insistance et énergie les droits, les honneurs et les priviléges dont il se voyait si brusquement et si arbitrairement dépouillé :

« AU ROI.

» Sire,

» Les Maire et Echevins, bourgeois et habitants de la ville de Rennes, capitale de votre province de Bretagne,

» Remontrent très-humblement à Votre Majesté que les offices de maires perpétuels créés par édit du mois d'août 1692 se trouvant supprimés par édit du mois de juin dernier, la Communauté de Rennes, la première de la province, aurait le malheur de recevoir un préjudice très-considérable de cette suppression, tant par rapport au gouvernement ancien et à l'état présent de la même Communauté qu'à l'ordre et économie qui y doivent régner, si Votre Majesté n'avait la bonté d'y pourvoir.

» Quoique l'édit de suppression des Maires ordonne qu'à commencer au 1er janvier 1718, il en sera usé au sujet de l'élection et nomination des Maires de la même manière, et ainsi qu'il se pratiquait avant l'an 1692, et que lesdites villes seront administrées et gouvernées comme auparavant la création desdits offices, et que par cette disposition il paraisse que Votre Majesté ait voulu conserver et rétablir les Corps de Ville dans leur ancien droit d'élection des Maires, néanmoins si on considère en particulier quel a été le gouvernement ancien et moderne de la Communauté de Rennes, il serait à craindre, malgré les précautions de cet édit, qu'une suppression indéfinie des Maires ne ternît l'éclat et la dignité du premier Corps de Ville de la province et y introduisît dans la suite de la division, et n'y diminuât même cette autorité si nécessaire à tous les corps politiques de l'Etat pour l'exécution des ordres de Votre Majesté et le bien public,

» Le Corps de Ville de Rennes, Sire, est, sans contredit, le premier et le plus considérable de votre province de Bretagne. Ses députés ont été maintenus en cette qualité, par arrêt contradictoire du Conseil d'Etat de 1620, à avoir la préséance sur toutes les autres villes aux Etats de la province en quelque lieu qu'ils soient assemblés. Ladite ville a été dans tous les temps, et par les édits, déclarations et lettres patentes des Ducs de Bretagne et des Rois prédécesseurs de Votre Majesté, reconnue et déclarée la capitale du pays et duché de Bretagne où les Ducs venaient se faire couronner et prendre possession de leur duché, comme il fut encore fait en 1532 lors de l'entrée solennelle et couronnement du Dauphin de France, François, dernier duc de Bretagne avant l'heureuse union de la province à la couronne de Votre Majesté.

» C'est dans la ville de Rennes comme capitale où les Etats de la province ont arrêté que la statue équestre qu'ils ont fait faire de Louis XIV, votre bisaïeul de glorieuse mémoire, serait placée. Elle est le siége du Parlement, de l'Intendance, du Présidial le plus considérable, et de plusieurs autres juridictions royales ; le centre de toutes les affaires les plus importantes, la résidence ordinaire des Gouverneur, Commandant et Lieutenants-généraux de la province ; la demeure de la noblesse de la province la plus distinguée où elle est plus nombreuse qu'en aucune autre ville ; le concours continuel de toutes sortes de personnes tant étrangers que de tous les endroits de la province et du Royaume ; remplie d'une infinité de bons habitants de tout état et de toutes conditions, et d'une grande multitude de peuple.

» Mais l'endroit essentiel d'où elle tire sa principale gloire au-dessus des autres villes les plus considérables, est d'avoir signalé son zèle, son obéissance et sa fidélité pour ses souverains dans toutes les occasions sans s'être jamais écartée, non pas même dans les temps où la province et le Royaume ont eu le malheur d'être le théâtre des guerres civiles.

» Aussi les priviléges dont plusieurs des prédécesseurs de Votre Majesté l'ont récompensée et honorée sont-ils autant de monuments précieux de la satisfaction que ces grands princes ont toujours eu de son attachement inviolable à ses devoirs, de son zèle pour leur service, et des secours qu'elle a fournis plus que toutes les autres aux besoins de l'Etat dans toutes les occurrences.

» Ce furent, Sire, ces principaux motifs exprimés dans l'édit du mois de mars 1592 par lequel le roi Henri IV, de glorieuse mémoire, créa et établit dans la ville de Rennes, comme capitale du pays et duché de Bretagne, un Corps de Ville composé d'un Maire, d'un Procureur-Syndic, d'Echevins et d'un Greffier, comme il y en avait déjà d'établis dans quelques-unes des principales villes du Royaume, et que par un autre édit de l'an 1604, ce grand prince, voulant de plus en plus reconnaître la fidélité, le zèle et le service desdits habitants, et rendre la ville plus considérable et mieux policée, augmenta le nombre des Echevins et ordonna que le Maire serait élu à la pluralité des voix, afin d'exciter d'autant plus le zèle des principaux habitants par l'espérance de pouvoir mériter par leur capacité et leurs services d'avoir un jour part à cette élection.

» Il est vrai, Sire, que la Communauté de Rennes qui avait obtenu cette grâce dont jouissent beaucoup d'autres villes moins considérables, n'a pas usé du droit qu'elle avait par les édits d'élire un Maire, et qu'elle n'a élu qu'un Procureur-Syndic et des Echevins parce qu'elle a cru dans ces temps que n'étant pas aussi considérable qu'elle l'est aujourd'hui, le Procureur-Syndic pouvait suffire pour remplir les fonctions de Maire. Mais il n'en est pas moins vrai que le droit d'élire un Maire avait été attribué à la Communauté de Rennes par les édits préallégués, qu'il n'y a eu d'autres édits que celui de création des maires perpétuels de l'an 1692 qui y ait dérogé, et que c'est une faculté dont elle a toujours cru qu'il lui serait permis d'user.

» Tel était le gouvernement du Corps de Ville de Rennes lors de la création des Maires perpétuels de l'an 1692, lesquels étant aujourd'hui supprimés, et les Corps de Ville rétablis dans leur ancien droit d'élection, la Communauté de Rennes paraît donc aussi rétablie dans l'ancienne faculté qui lui avait été accordée par les édits de 1592 et 1604 d'avoir et d'élire un Maire qui ait l'autorité nécessaire pour l'exécution des ordres de Votre Majesté, la direction des affaires communes, et pour présider aux assemblées de l'Hôtel-de-Ville en l'absence du Gouverneur et du Lieutenant du Roi de ladite ville.

» D'ailleurs, si les exposants étaient privés de cet honneur dont jouissent tant d'autres villes d'un ordre inférieur, il en pourrait naître un inconvénient à ladite Communauté, en ce qu'il arriverait que les meilleurs sujets qui ont en considération le titre de Maire mépriseraient celui de Syndic. Mais, comme la Communauté de Rennes avait négligé l'élection des Maires depuis en avoir impétré le droit jusqu'à la création des Maires perpétuels, et que sous ce prétexte les exposants auraient lieu de craindre que l'élection qu'ils pourraient faire d'un Maire au 1er janvier 1718 ne fût troublée si Votre Majesté n'avait la bonté de leur continuer ce droit en confirmant et expliquant en tant que besoin leur ancien privilége,

» Ils supplient très-humblement Votre Majesté de considérer que leur silence dans la conjoncture présente trahirait le zèle qu'ils doivent avoir pour la conservation des honneurs et des priviléges que leurs prédécesseurs ont mérité de nos Rois par leur fidélité et par leur service, et pourrait passer pour une renonciation à leur droit ancien d'élection d'un Maire ; que non-seulement il ne se rencontre aucun obstacle à l'exercice de ʃce droit, mais encore que l'autorité requise pour l'exécution des ordres de Votre Majesté et pour la police d'une grande ville; et la bienséance même, exigent que la Communauté de Rennes, l'une des plus illustres et des plus considérables de votre Royaume par le nombre et la qualité de ses Echevins et Officiers, la magnificence de leurs robes et la gravité de leur marche, ait à sa tête un officier qui représente et soutienne la dignité de son Corps dans les assemblées de ville et dans les cérémonies publiques, dans lesquelles le précédent Maire perpétuel a marché, jusqu'à présent, en robe rouge à la tête de son corps ; que s'il plaît à Votre Majesté de confirmer les exposants dans le droit d'élire des Maires, les personnes les plus capables et les plus distinguées s'empresseront de parvenir à cet honneur par leur service et leur érudition.

» A ces causes,

» Sire,

» Plaise à Votre Majesté, ayant égard aux très-humbles prières et supplications des exposants, les confirmer et maintenir dans le droit d'élection d'un Maire conformément à l'édit du roi Henri IV, de glorieuse mémoire, de l'an 1604, et icelui en tant que besoin serait expliquant et interprétant ; Ordonner qu'il sera procédé à l'élection d'un Maire de ladite ville en la manière accoutumée à la pluralité des suffrages le 1er janvier 1718, et que celui qui sera élu en cette qualité, et autres qui lui succéderont successivement après lui, présideront aux assemblées de l'Hôtel-de-Ville en l'absence du Gouverneur et du Lieutenant de Roi de ladite ville, et marcheront en robe rouge à la tête du Corps de Ville aux cérémonies publiques dont ainsi et de la même manière que l'a fait jusqu'à présent le Maire perpétuel avec attribution des autres droits, honneurs, priviléges et prérogatives accordés par les Rois prédécesseurs de Votre Majesté aux Maires électifs des autres villes les plus considérables de son Royaume, et ils redoubleront leurs vœux pour la conservation, santé et prospérité de la personne sacrée de Votre Majesté. »

Comme on devait s'y attendre, les réclamations de la Communauté furent inutiles. L'édit royal qui supprimait l'office de Maire était du mois de juin 1717, avons-nous dit; il fut bientôt suivi (17 juillet) d'une déclaration du Roi ordonnant que l'élection des Procureurs-Syndics aurait lieu dès le mois de décembre, puis d'une autre déclaration (28 août) portant que cette élection se ferait en présence « de Messieurs les » Intendants et Commissaires départis dans les provinces et » généralités du Royaume, ou de leurs subdélégués. »

En effet, le mardi 7 décembre 1717, la Communauté se réunit en séance extraordinaire, et Rallier lui fit connaître que le surlendemain l'Intendant du Roi en Bretagne, M. Feydeau de Brou, devait se rendre à l'Hôtel-de-Ville pour qu'il soit procédé, en sa présence, à l'élection d'un nouveau Procureur-Syndic. La Communauté délibéra alors sur la manière dont l'Intendant du Roi serait reçu, et arrêta que, selon l'usage, six de ses membres, en habits de cérémonie, l'attendraient pour le complimenter à l'entrée de l'Hôtel-de-Ville, et qu'à la fin de la séance il lui serait offert « une collation » de confitures sèches et nombre de bouteilles de vin. » Puis l'assemblée s'occupa de dresser la liste « des personnes de » mérite les plus capables de remplir la fonction de Procu- » reur-Syndic. » En tête de cette liste, elle inscrivit le nom de Rallier.

Le jeudi 9 décembre, conformément au programme arrêté l'avant-veille, « Monseigneur Feydeau de Brou, Conseiller du Roy en ses Conseils, Maître des Requestes de son hôtel, » Commissaire départi pour l'exécution de ses ordres en Bre- » tagne, » fit son entrée à l'Hôtel-de-Ville, « en robe de Con- » seiller d'Etat, » et prit place au bureau de l'Assemblée. Rallier s'était abstenu d'y paraître, et ce fut un des anciens Procureurs-Syndics qui adressa à l'Intendant du Roi le com- pliment d'usage. Puis il fut procédé, « au scrutin et par bil- lets, » à l'élection du Procureur-Syndic qui devait, aux termes de l'édit royal, occuper ces fonctions pendant trois ans.

La Communauté ne pouvait oublier les services que son chef avait rendus à la ville de Rennes depuis vingt-deux ans qu'il était à la tête du Corps de Ville ; elle saisit cette occasion de lui prouver sa confiance et son estime, et Rallier fut élu.

Le héraut de ville fut immédiatement chargé de l'aller prévenir et de l'amener au sein de l'assemblée où il arriva quelque temps après ; il reprit sa place au bureau, et remer- cia la Communauté « par un discours très-poli, » dit le procès- verbal de la séance. « Ensuite de quoy, continue le même » document, la Communauté s'estant levée, M. le Procureur- » Syndic a prié Monseigneur l'Intendant, avec les gentils- » hommes qui l'ont accompagné, de vouloir bien faire l'hon- » neur à la Communauté de goûter le vin de ville, ce que » luy ayant accordé, il a au même temps passé dans une » chambre dudit Hôtel-de-Ville où la collation était préparée, » et a fait l'honneur à la Communauté de saluer la santé du- » dit sieur Syndic et de toute la Communauté, lesquels ont eu » de leur part l'honneur de saluer la sienne et de le remer- » cier de celuy qu'il leur a fait, le tout au son des trompettes » et tambours de ville. Après quoy Monseigneur l'Intendant » s'estant retiré, il a esté par ledit sieur Procureur-Syndic et

» nombre d'Echevins en leurs robes de cérémonie reconduit
» au son des mêmes tambours et trompettes jusqu'au bas du
» perron de l'Hôtel-de-Ville. »

Plusieurs villes avaient usé de la faculté que leur laissait
l'édit royal de racheter de l'Etat leurs droits, honneurs et priviléges : Nantes paya 500,000 livres le rachat de ses fran-
chises. Mais beaucoup de villes n'avaient pu, à cause de la
modicité de leurs ressources, fournir la finance nécessaire;
Rennes, qui avait été taxée à 120,000 livres, se trouvait dans
ce cas. Rallier, ne voulant pas d'ailleurs que la ville s'impo-
sât un sacrifice au-dessus de ses forces, proposa au roi de
payer, de ses propres deniers, une somme de 3,000 livres
comptant, renonçant à toute revendication ultérieure d'in-
demnité sur le prix de sa charge, qu'il avait payée près de
25,000 livres en 1695.

Le rachat des offices supprimés rapporta à l'Etat près de
douze millions. On se contenta de cette somme, bien que le
but fiscal de l'édit de 1717 ne fût pas complétement atteint,
et un nouvel édit de 1719 vint bientôt rétablir l'office de
Maire. Rallier reprit ce titre le 1er janvier 1720.

II

Une époque sinistre approchait. Calme jusqu'ici, et tout
entière aux soins de son administration privée, la ville de
Rennes allait bientôt être cruellement éprouvée par un im-
mense désastre.

Le 22 décembre 1720, vers le milieu de la nuit, un vio-
lent incendie se déclara rue Tristin (1), dans l'atelier d'un

---

(1) A peu près à l'endroit où se trouve actuellement la cour de la
maison n° 7, rue de l'Horloge.

menuisier. La plupart des maisons étaient construites en bois, les rues étaient généralement fort étroites, la ville ne possédait aucun moyen sérieux de secours, le vent soufflait avec force ; aussi l'incendie fit-il de rapides progrès. Les rues voisines s'embrasèrent à leur tour, et bientôt le fléau s'étendit sur une partie de la ville. Pendant cinq jours et cinq nuits les flammes accomplirent leur œuvre de destruction, et les ruines s'amoncelèrent. Lorsqu'enfin l'incendie se fut arrêté, on put mesurer l'immensité du désastre : huit cent cinquante maisons, formant plus de trente rues et places, étaient réduites en cendres [1].

Le tocsin, qu'on avait sonné à cinq lieues à la ronde, avait amené à Rennes un nombre considérable de travailleurs, ce qui avait contribué à épuiser les vivres de la ville : la population, affolée de terreur et à bout de forces, était menacée de la famine. Le 28 décembre, sur la convocation de l'Intendant, la Communauté se réunit à l'Hôtel-de-Ville, pendant que l'incendie durait encore, et on délibéra sur ce qu'il parut « de plus pressant dans cette occasion. » L'Intendant fut prié « de la part de la Compagnie de rendre ses ordonnances pour » faire fournir à la ville le pain, la viande et les autres den- » rées nécessaires pour la subsistance des habitants, et de les » envoyer publier dans toutes les paroisses et marchés cir- » convoisins d'icelle. » Les vivres et les secours arrivèrent bientôt de toutes parts, et l'on put parer aux plus pressants besoins des malheureux habitants de la ville incendiée.

Le dévouement du Maire fut à la hauteur de ces tristes circonstances ; puis, quand les ruines eurent cessé de fumer, lorsque la population eut reçu des vivres, de l'argent, des vêtements ; quand les dix mille ménages restés sans asile

____

(1) Voir l'Annexe A.

eurent pu s'abriter sous les baraques construites à la hâte dans les quartiers épargnés par le feu, Rallier n'eut plus qu'un seul but vers lequel tendirent désormais tous ses efforts : la reconstruction de la ville.

Le roi avait accordé un secours de 150,000 livres et décidé que tout le bois nécessaire serait pris dans les forêts de l'Etat. Un ingénieur nommé Robelin fut envoyé à Rennes pour dresser un plan de réédification et diriger les travaux. En même temps Rallier présentait à la Communauté un projet de réglement touchant l'organisation des secours en cas d'incendie [1] : il jetait ainsi les bases d'une institution qui plus tard devait grandir, s'étendre et se perfectionner, et qui, actuellement, rend d'immenses services. On acheta en Hollande deux pompes qui arrivèrent à Rennes le 11 juin 1722, et qui coûtèrent 2,300 livres ; on fit venir également 200 seaux de cuir. La milice bourgeoise fut réorganisée et composée de quinze compagnies formant un effectif total de plus de trois mille hommes.

Mais la ville ne se reconstruisait pas encore. L'ingénieur Robelin avait fait un plan qui avait été approuvé ; mais, par une honteuse spéculation, et afin de toucher le plus lontemps possible la pension qu'on devait lui faire pendant l'exécution des travaux, il ne s'occupait aucunement de remplir la mission qui lui avait été confiée ; ses vexations, sa négligence calculée, sa coupable incurie excitèrent de nombreuses plaintes. Rallier se rendit à Paris pour exposer lui-même au roi la triste situation de la ville, et pour solliciter en même temps de nouveaux secours afin de rétablir notamment les conduites d'eau qui avaient été détruites pendant l'incendie.

Le 19 août 1723, la Communauté renouvelait ses instances

---

(1) Voir Annexe B.

auprès de l'Intendant pour qu'il voulût bien « faire quelque
» attention sur le triste état où était cette malheureuse ville
» ensevelie depuis près de trois ans sous ses cendres et que
» le temps achevait de ruiner. »

Enfin les plaintes furent entendues, et le roi envoya à
Rennes un de ses ingénieurs les plus distingués, l'architecte
Gabriel, qui devait mener à bonne fin l'œuvre si impatiem-
ment désirée de la réédification [1]. En même temps, les Etats
de Bretagne votaient une somme de 300,000 livres pour la
reconstruction des édifices publics.

A ce moment, un édit royal (juillet 1724) vint pour la seconde fois supprimer toutes les charges municipales. Rallier
ne se découragea pas, et se livra avec un redoublement d'ardeur à l'œuvre qu'il poursuivait. Il obtint enfin l'approbation
définitive des plans de Gabriel, et le roi accorda pour leur
exécution un nouveau subside de 667,633 livres. L'administration municipale fit creuser plusieurs puits dans diverses
parties de la ville; on fit venir de Versailles Anceau, le fon-
tainier du roi, pour étudier sur place un projet de rétablisse-
ment des fontaines publiques; on reconstruisit l'hôtel de la
Monnaie, dans la rue qui porte actuellement ce nom.

Le terme fixé par l'édit de juillet 1724 pour la suppression
des Maires était arrivé. Le 1er janvier 1725, Rallier dut remettre ses fonctions à la Communauté, mais celle-ci ne vou-
lut pas se séparer de lui, et, par acclamation, elle le nomma,
comme en 1717, aux fonctions de Procureur-Syndic. Toutefois il reprit peu après le titre de Maire, ainsi que le consta-
tent les registres des délibérations de la Communauté.

La ville, si cruellement éprouvée par l'incendie, dont les
traces n'avaient pas encore disparu, se vit menacée d'un autre

---

(1) Voir Annexe C.

fléau : la disette. Rallier sut, par sa vigilance, conjurer à temps le mal. Il obtint de l'Intendant l'autorisation de prélever 90,000 livres sur les 300,000 livres qui avaient été votées par les Etats; la ville y ajouta 10,000 livres de ses propres deniers, et on fit venir de l'étranger les grains qui manquaient.

En 1685, les Etats de Bretagne avaient décidé qu'il serait érigé sur la place du Palais une statue équestre de Louis XIV. Plus de quarante ans s'étaient écoulés quand la statue, œuvre remarquable du sculpteur Coysevox, fut enfin amenée à Rennes [1]. Le 23 mai 1726, la Communauté régla le cérémonial de cette solennité; elle décida qu'elle assisterait en habits de cérémonie à l'inauguration du monument; que les milices seraient sous les armes et feraient une décharge au moment où le Corps de Ville mettrait le feu au bûcher préparé en signe de réjouissance; qu'il serait tiré trois salves de douze coups de canon chacune, à l'arrivée de la Communauté sur la place, au moment où le feu de joie serait allumé, et lors de la rentrée du Corps municipal en son hôtel. Le 26 juin suivant, la fête eut lieu suivant le programme arrêté.

Sous l'habile impulsion de Rallier, les travaux de reconstruction de la ville furent activés, de nombreux conduits publics furent établis, et la Communauté dut s'occuper de donner des noms aux rues tracées par Gabriel. Une nouvelle occasion se présentait pour le Corps de Ville de témoigner publiquement à son chef sa reconnaissance : le nom de Rallier fut donné à la rue qui, du carrefour de la rue de Toulouse, monte vers la porte Saint-Michel (12 décembre 1726).

Quelques jours après (1er janvier 1727), Rallier était réélu maire pour deux ans.

---

[1] Voir Annexe D.

III

Trente-deux années d'exercice des fonctions municipales ;
une fermeté, une activité et un zèle au-dessus de tout éloge ;
un dévouement sans bornes aux intérêts de sa ville, notamment pendant et après le terrible incendie de 1720 ; les
marques si souvent réitérées de la confiance et de la reconnaissance que ses concitoyens ne cessaient de lui témoigner
en toute occasion, ne pouvaient manquer d'attirer tout particulièrement l'attention des gouvernants sur le digne magistrat que la ville respectait et vénérait comme un père.
Quelques jours après sa réélection aux fonctions municipales, Rallier recevait du roi une médaille d'or portant d'un
côté l'effigie royale, et au revers la figure de la reine [1] ; à
cette médaille était jointe une chaîne de même métal, et le
tout était accompagné de cette lettre du comte de Saint-Florentin, ministre et secrétaire d'Etat : « Monsieur, le Roi étant
» satisfait des services que vous avez rendus et voulant vous
» engager à les continuer avec le même zèle que vous avez
» fait jusqu'à présent, Sa Majesté a bien voulu vous donner
» une médaille, laquelle la représente d'un côté, et de l'autre
» la Reine, et Elle m'a chargé de vous marquer qu'elle trouve
» bon que vous la portiez à la boutonnière de votre habit.
» Je suis, Monsieur, votre très-affectionné serviteur, Saint-
» Florentin. — A Marly, le 24 janvier 1727. »

----

(1) Du côté du portrait du roi étaient gravés ces mots : LVDOVI-
CVS XV, REX CHRISTIANISS., et du côté de l'effigie de la reine :
MARIA REGIS STANISL. FIL. FR. ET NAV. REGINA, V SEPT.
M,DCC,XXV,

Une telle distinction, si rare à cette époque, fut accueillie avec un véritable bonheur par la population, et la Communauté décida que la lettre du comte de Saint-Florentin serait transcrite sur le registre de ses délibérations (30 janvier 1727).

Un des membres de la Communauté offrit au Maire, au nom du Corps de Ville, les quatre vers suivants :

> Rex Lodoïx tibi pro meritis dedit aurea dona ;
> Non indigna Deo nos tibi corda damus.
> Rex dedit æterni tibi mobile pignus honoris ;
> Divinum est nostræ pignus amicitiæ (1).

Le 6 mai suivant, Rallier fut cruellement frappé dans ses plus chères affections : il perdit sa femme, Marie Le Moyne, dame de Verrières, qu'il avait épousée à Rennes en 1690.

A la fin du mois de novembre 1727, Rallier fut chargé de se rendre à Paris afin d'activer l'instruction de nombreuses affaires qui intéressaient la ville. Il y était encore au mois de janvier suivant quand une lettre de la Communauté lui fit connaître qu'il venait d'être, encore une fois, réélu Maire.

Le profond chagrin qu'il ressentait de la mort de sa femme, les obstacles sans nombre qu'il rencontrait de la part des agents secondaires du Gouvernement dans l'œuvre de reconstruction de la ville, le besoin de repos enfin, après trente-quatre années d'une administration si remplie, si agitée, déterminèrent Rallier à se retirer.

Le 1er janvier 1729, il remit ses pouvoirs à la Commu-

---

(1) Le roi Louis, pour tes services, te fit un présent d'or ;
Nous t'offrons nos cœurs, présent digne de Dieu.
D'un honneur éternel le roi t'a donné un gage fragile ;
Le témoignage de notre amitié est divin.

nauté. Nous copions textuellement les paroles qu'il prononça à cette occasion dans l'assemblée du Corps de Ville :

« Messieurs, un exercice de plus de trente-quatre années
» dans le maniement de vos affaires n'a servi qu'à me faire
» sentir de plus en plus le poids de mes obligations ; j'y
» aurais sans doute succombé si je n'avais pas été prévenu
» de vos conseils et animé par vos exemples.

» Nés, vous et moi, plutôt pour le service de la patrie
» que pour nous-mêmes, après lui avoir consacré mes plus
» beaux jours, il est temps de vous remettre une place dont
» vous m'avez honoré dans cette compagnie qui, après avoir
» excusé mes défauts avec tant de bonté, a bien voulu fermer
» les yeux sur mon incapacité, et suppléer à tout ce qui me
» manquait pour remplir mon ministère avec toute la dignité
» et l'exactitude que demandait la place que j'avais l'honneur
» d'occuper.

» Je serais heureux, Messieurs, si je pouvais me flatter
» que le désir que j'ai toujours eu de profiter de vos lumières
» eût pu répondre à votre attente.

» Vous ne deviez pas espérer de mon peu d'expérience
» dans les affaires, lorsque j'eus l'honneur d'entrer parmi
» vous, de trouver en moi toutes les dispositions nécessaires
» pour me bien acquitter de mes devoirs.

» Jeune et peu instruit de vos affaires, je ne cherchais
» qu'à me conformer à vos lumières, et si le bonheur m'a
» assez favorisé pour avoir mérité votre approbation en me
» rendant avec vous utile au public, c'est à vous seuls que la
» gloire en est due, puisque vous m'avez conduit comme par
» la main dans tous les pas que j'ai pu faire.

» Je laisse après moi une ample matière à exercer le zèle
» de celui que vous allez choisir pour me remplacer ; votre
» discernement a toujours justifié votre choix dans le public,

» et vous trouverez sans doute dans celui que vous allez
» faire de quoi vous dédommager de mon incapacité.

» Si l'autorité souveraine, que je respecterai toujours, en
» supprimant mon état m'a dépouillé de l'héritage de mes
» pères, il me reste du moins cette consolation d'avoir tou-
» jours marché dans les voies de l'honneur, sans jamais m'en
» être écarté.

» Il ne me reste après cela, Messieurs, qu'à vous deman-
» der la grâce de me conserver quelque part dans votre ami-
» tié et dans votre souvenir, pour récompense des travaux
» de tant d'années. Je m'estimerai trop heureux si vous ju-
» gez que je l'ai méritée, en vous assurant que de mon côté
» je conserverai précieusement, le reste de mes jours, toute
» la reconnaissance que je dois avoir de vos bontés, et un
» profond respect pour toute cette Compagnie en général, et
» pour chacun des membres qui la composent en particulier. »

Profondément émus, blessés eux-mêmes dans leur dignité
par ces édits fiscaux de suppression des Maires qui deux fois
avaient atteint leur respectable chef, pleins de reconnaissance
pour celui qui avait montré tant de dévouement dans toutes
les circonstances pénibles et cruelles qui avaient signalé sa
longue et laborieuse administration, les membres de la Communauté, d'une voix unanime, répondirent aux nobles et
dignes paroles de Rallier en le suppliant de continuer d'exercer ses fonctions, au moins pendant un an; le titre de Maire
étant supprimé, il devait, comme en 1717, administrer sous
celui de Procureur-Syndic. Devant les instances et les prières
de ses concitoyens, Rallier dut céder, et, depuis ce moment,
il fut, jusqu'à sa mort, réélu chaque année par la Communauté. Remarquons ici qu'en dépit de l'édit royal de suppression, les registres des délibérations continuent de lui donner
le titre de Maire,

Rallier reprit avec un nouveau zèle la direction des affaires municipales.

Les plans définitifs de l'Hôtel-de-Ville, du Présidial et de la tour de l'Horloge, dressés par Gabriel, furent enfin approuvés par un arrêt du Conseil du 23 mai 1730. La Communauté fit procéder à la fonte des cloches du beffroi municipal ; on y employa le métal provenant des anciennes cloches qui avaient été brisées et fondues par l'incendie de 1720.

On travailla avec activité au déblaiement de tous les emplacements qui étaient encore couverts par les décombres de l'incendie et on les transporta dans les fossés de la ville ; on commença l'établissement d'un port qui prit plus tard le nom de M. de Viarmes, Intendant, sous l'administration duquel il fut terminé.

Rallier sollicita et obtint l'autorisation d'établir une grande foire annuelle qui devait durer quinze jours, « depuis le » lundy devant le Dimanche gras jusqu'au premier lundy de » caresme [1]. »

Il s'occupa ensuite de faire frapper la médaille commémorative qui devait être placée dans les fondations des édifices municipaux. Cette médaille représentait d'un côté l'effigie royale, de l'autre une femme debout, appuyée sur l'écusson de la Ville ; l'inscription rappelait la date de l'incendie et celle de la reconstruction de Rennes. Il en fut frappé cent vingt-neuf : une en or, destinée au roi, vingt en argent pour quelques personnages de distinction, et cent huit en bronze [2].

---

(1) Il serait vivement à désirer, dans l'intérêt du commerce local, que cette foire annuelle de quinze jours fût rétablie aujourd'hui ; elle existe d'ailleurs dans un grand nombre de villes.

(2) Voir Annexe E.

IV

La Communauté s'occupait de régler le cérémonial de la fête qui devait avoir lieu à l'occasion de la pose de la première pierre des nouveaux bâtiments municipaux, lorsque Rallier tomba malade; malheureusement il ne devait pas assister à cette solennité. « L'année 1734 n'avait pas fini son troisième » mois, dit un historien, lorsque Rallier, dont la Commu- » nauté venait de proroger les pouvoirs pour la sixième fois, » termina, le 25 mars, son honorable carrière, au milieu de » la douleur publique, la plus vraie de toutes les oraisons » funèbres. Un deuil général couvrit la ville; chaque famille » semblait avoir perdu l'un de ses membres. » (*Histoire de Rennes*, par E. Ducrest de Villeneuve et D. Maillet.)

Dès le lendemain matin la Communauté s'assemblait, et, après avoir réglé le cérémonial des funérailles, elle décidait qu'elles seraient faites avec une grande solennité aux frais de la ville (1). Le soir même, toutes les cloches des paroisses et communautés religieuses sonnèrent des glas funèbres qui furent répétés le lendemain matin au point du jour.

Le samedi 27 mars, à dix heures du matin, le Corps de Ville, en habits de cérémonie, précédé de son héraut et escorté de ses officiers ordinaires, alla saluer le corps du défunt Maire, qui avait été exposé dans une chapelle ardente préparée à l'entrée de l'Hôtel-de-Ville; la façade de cet édifice, entièrement tendue de noir, était ornée de trois cents écussons aux armes de la Ville et à celles du défunt. Quatre anciens syndics, chargés de porter les coins du drap mor-

---

(1) Voir Annexe F.

tuaire, furent délégués par la Communauté pour présenter en son nom ses compliments de condoléance à Mesdemoiselles Rallier, filles du Maire [1]. Il fut distribué des cierges à tout le clergé et aux membres des communautés religieuses, puis le cortége se mit en marche dans l'ordre suivant : les tambours, voilés de crêpe, et faisant entendre des roulements funèbres ; un détachement des milices bourgeoises ; le clergé régulier et séculier ; le corps du défunt, sur lequel étaient l'épée et les autres insignes de ses dignités. Derrière le cercueil marchait le Corps de Ville avec son héraut et ses archers ; puis les quinze compagnies de la milice bourgeoise, le fusil sous le bras, avec leurs officiers portant l'esponton la pointe en bas ; enfin les flots pressés de la population en deuil, dont les larmes disaient assez combien était cruellement ressentie la perte que venait de faire la ville de Rennes.

Le convoi parcourut ainsi, au milieu de la foule émue, la rue de la Cordonnerie [2], la rue de la Monnaie [3], la rue Rallier, la porte et la rue Saint-Michel, la rue Saint-Louis, la rue Basse, puis arriva à l'église Saint-Etienne [4] tendue de draperies noires et décorée, comme l'Hôtel-de-Ville, de trois cents écussons armoriés.

---

(1) A sa mort, Rallier laissait trois filles, Mesdemoiselles Perrine, Françoise et Suzanne Rallier, qui demeuraient avec lui à l'Hôtel-de-Ville, et un fils, Toussaint-Pierre, capitaine d'infanterie, alors en garnison à Béthune.

(2) Partie actuelle de la rue de la Monnaie comprise entre l'ancien Hôtel-de-Ville (qui était alors sur l'emplacement aujourd'hui occupé par l'Ecole d'artillerie) et l'embranchement de la rue St-Guillaume.

(3) Partie actuelle de la rue de ce nom comprise entre la rue Saint-Guillaume et la rue Rallier.

(4) Le *vieux Saint-Etienne*, servant aujourd'hui de magasin militaire de campement.

Le Corps de Ville et les officiers des milices prirent place dans les bancs drapés de noir qui leur avaient été réservés, les tambours battirent aux champs quand le cercueil parut à la porte de l'église, et le service funèbre fut célébré; puis on défila devant le corps en y jetant l'eau bénite, et les restes mortels de Rallier furent inhumés dans le caveau qui avait été préparé à cet effet. Immédiatement après fut dressé l'acte mortuaire que nous reproduisons ici :

« Ecuyer Toussaint François Rallier, ancien Maire et
» Syndic actuel de la Ville et Communauté de Rennes et Co-
» lonel des Milices bourgeoises, décédé à l'Hôtel-de-Ville,
» le 25ᵉᵐᵉ mars 1734, âgé d'environ soixante-neuf ans, a été
» inhumé dans l'église ce jour, samedy 27ᵉᵐᵉ mars de l'année
» cy-dessus. Présents vénérables et discrets F. Mongermont,
» René Duverger, prestres et chantres de cette église, les Mes-
» sieurs Echevins et Officiers de la Milice bourgeoise de cette
» ville. *Signé* : R. P. Duverger, pᵗʳᵉ; — François Monger-
» mont; — F. Viel, curé. »

Quelques jours après les funérailles de Rallier, le Corps de Ville assista à un service funèbre qu'il fit célébrer en l'honneur du défunt à l'église des Minimes, et reçut de Béthune la lettre suivante de Toussaint-Pierre Rallier, capitaine d'infanterie, fils de l'ancien maire :

« Messieurs, je ne puis vous exprimer combien je suis
» reconnaissant des marques d'estime dont vous avez bien
» voulu honorer mon père, même après sa mort qui m'a
» pénétré d'une douleur aussi vive que juste. Vous seuls avez
» pu adoucir les chagrins qu'il a essuyés pendant le cours de
» sa vie; vos bontés trouvaient pour ainsi dire moyen de les
» lui faire oublier. Il n'a point renfermé dans le tombeau la
» reconnaissance qu'il en conservait dans son cœur : elle est
» passée jusqu'à nous pour ne finir qu'avec nos jours, »

Le plus ancien des Syndics fut désigné pour présider l'assemblée municipale, et on dut s'occuper d'organiser la solennité tant attendue de la pose de la première pierre de l'Hôtel-de-Ville. Cette cérémonie fut célébrée avec une grande pompe, le 12 avril 1734 [1].

Dans un autre moment, grande eût été l'allégresse publique; mais la tombe venait à peine de se refermer sur l'homme de bien qui, pendant de si longues années, avait exercé avec tant de dignité, d'activité, d'honneur, de probité et de dévouement les difficiles fonctions de Maire. Aussi, bien des yeux se mouillèrent lorsque l'on vit, pour la première fois depuis trente-neuf ans, marcher le Corps de Ville sans avoir à sa tête celui dont le nom était sur toutes les lèvres, et dont le souvenir devait rester longtemps gravé au fond des cœurs.

Telle fut la vie de l'homme de bien, de l'administrateur sage et éclairé, du citoyen dévoué dont le nom ne doit pas rester dans l'oubli.

Si nous avons réussi à atteindre le but que nous nous proposions en écrivant ces pages, ceux qui les liront sauront désormais que le nom de Rallier, donné par la reconnaissance de nos ancêtres à une des rues de notre cité, est synonyme de probité, intégrité, dévouement.

V

Le cadre de notre travail ne nous permet pas de dresser la généalogie complète de la famille Rallier; toutefois, nous

---

[1] Voir Annexe G.

voulons, en terminant, dire quelques mots de plusieurs de ses membres.

L'ancien Maire de Rennes, Toussaint-François Rallier, avait un frère et trois sœurs, savoir :

Julien-François Rallier, sieur des Ourmes, Conseiller du Roi, Receveur des décimes de l'évêché de Rennes, né à Rennes le 11 août 1655 ; marié à Marie Baudouard de la Porte, fille de Jean-Baptiste Baudouard, sieur de la Porte, Conseiller du Roi et président de l'élection de Laval ;

Marguerite Rallier qui épousa Jean Le Moine, sieur de la Maisonneuve ;

Renée Rallier, mariée à Joseph Collet de la Graffardière, sieur de la Haye ;

Françoise Rallier, épouse de Michel Ménard, sieur des Bourlières.

Marguerite Rallier, de son mariage avec Jean Le Moine de la Maisonneuve, eut deux enfants : Jean-Vincent Le Moine, avocat et Procureur du Domaine du roi à Nantes, et Jeanne Le Moine qui épousa un des fils de Pierre Hévin, le célèbre jurisconsulte rennais. De ce mariage naquit Jacques Hévin, sieur de la Thébaudière, Conseiller au Présidial, Maire de Rennes en 1743.

De l'union de Julien-François Rallier des Ourmes avec Marie Baudouard de la Porte naquirent plusieurs enfants, entre autres Jean-Joseph Rallier des Ourmes, né en 1701, qui devint Conseiller au Présidial de Rennes. Il se livra avec ardeur à l'étude des sciences mathématiques, et fut l'un des fondateurs de la Société d'Agriculture, de Commerce et des Arts de Bretagne. Il collabora à l'*Encyclopédie* et fournit plusieurs articles remarquables aux *Mémoires des Savants étran-*

gers de l'Académie des Sciences. Il mourut à Montautour (Ille-et-Vilaine) en 1771. Son fils, Louis-Anne-Esprit Rallier, mérite d'arrêter quelques instants notre attention.

Louis-Anne-Esprit Rallier, né à Montautour (Ille-et-Vilaine), le 23 septembre 1749, devint capitaine du génie, se fit remarquer plusieurs fois par des travaux importants et rendit d'éminents services. Citons notamment l'amélioration des ouvrages de défense de la citadelle de Port-Louis (1768), la part active qu'il prit à l'expédition d'Amérique (1776) et aux combats livrés par M. de Guichen à l'amiral Rodney (1780). Ayant pris sa retraite, il se fixa à Fougères et partagea désormais tout son temps entre la culture des lettres et le soulagement des pauvres. Dès 1793 il avait abandonné sa pension de retraite en faveur de l'hospice qu'il dirigeait et administrait à titre gratuit; bientôt il fit agrandir à ses frais cet établissement. Il fut élu membre du Conseil des Anciens en 1795, envoyé en 1799 au Conseil des Cinq-Cents; membre du Corps législatif lors de sa première formation, réélu en 1811, il conserva cette fonction jusqu'en 1815; envoyé de nouveau à la Chambre en 1827, il donna sa démission l'année suivante, et mourut à Fougères le 4 août 1829. Il fut inhumé dans la chapelle de l'hospice Saint-Louis de cette ville, et l'inscription ci-après, gravée sur son tombeau, retrace en quelques mots toute une vie de travail, de charité et de dévouement : *Ici repose la dépouille mortelle de M. Louis-Anne-Esprit Rallier, ancien capitaine au corps royal du génie, ancien député, chevalier de Saint-Louis et de la Légion d'Honneur, né le 23 septembre 1749, décédé à Fougères, le 4 août 1829. Sa longue carrière fut une continuité de services et de bienfaits. Il consacra ses talents à la patrie, ses loisirs à l'étude, son crédit au bien de ses concitoyens, sa fortune aux indigents. Les admi-*

nistrateurs des hospices, ses collègues, l'ont fait inhumer dans cette enceinte, au milieu des pauvres dont il fut le bienfaiteur et le père. — De plus, la ville de Fougères donna son nom à une de ses rues.

Louis Rallier a publié un assez grand nombre de travaux scientifiques et politiques, des poésies, plusieurs tragédies, etc. Il a fait paraître dans les *Mémoires de l'Académie celtique et de la Société des Antiquaires de France* une série de notices archéologiques très-appréciées, notamment des Mémoires sur les forts vitrifiés de l'Ecosse, sur les monuments antiques de la forêt de Fougères, sur ceux de l'Ile-de-Pâques, sur les cercueils de pierre trouvés dans l'Ille-et-Vilaine, sur les antiquités de la Mayenne, etc.

Suivons maintenant la descendance directe de l'ancien maire de Rennes.

Nous avons dit ailleurs que Toussaint-François Rallier avait laissé trois filles et un fils. Ce dernier, Toussaint-Pierre Rallier, capitaine d'infanterie, épousa Mlle Marie-Anne Berthelot de la Bunelaye, dont il eut trois enfants :

Marie-Sainte Rallier, qui épousa Thomas-Anne des Rieux de la Villoubert, Conseiller au Présidial de Rennes ;

Toussaint-Marie Rallier, chevalier de Saint-Louis, qui mourut sans enfants ;

Philippe-François Rallier, qui épousa Mlle Lucie-Charlotte Le Vicomte de la Houssaye : celle-ci avait environ 30 ans quand elle fut aveuglée par un éclair; elle mourut âgée de 77 ans, sans avoir recouvré l'usage de la vue. Malgré son infirmité, elle était fort au courant de la littérature, et était très-recherchée pour son esprit cultivé et pour sa conversation éminemment attachante. Devenue veuve de fort bonne heure, elle abandonna l'éducation de son fils unique, Toussaint-Louis-Jean-Joseph Rallier, à Louis Rallier, de Fougères, qui, n'ayant pas d'enfants, adopta son neveu et l'éleva comme un fils.

Toussaint Rallier reçut une éducation très-soignée et entra de bonne heure à l'Ecole polytechnique. En 1814, il prit les armes et combattit l'étranger aux portes de Paris. L'Ecole polytechnique ayant été licenciée en 1815, et la carrière militaire semblant désormais fermée par la paix, il entra dans l'enseignement, et fut nommé professeur de mathématiques à Vannes où il se maria. Puis il vint à Rennes où il resta de longues années, comme professeur d'abord, puis secrétaire de l'Académie, et enfin comme directeur de l'Ecole normale. En 1834, il fut appelé à la direction du collège de Lorient qu'il exerça pendant cinq ans. Ce fut une ère de prospérité pour cet établissement; on pourrait citer telle année où il fournit à lui seul le quart de l'effectif de l'Ecole navale. En 1840, Toussaint Rallier prit sa retraite et se retira à Vannes où il termina sa carrière dans une vie modeste et bienfaisante, uniquement occupé de l'éducation de sa nombreuse famille. Il avait eu onze enfants, dont trois seulement vivent aujourd'hui : Mlle Francine Rallier, MM. Louis et Jules Rallier, tous deux officiers supérieurs de la marine.

Louis Rallier, capitaine de vaisseau, officier de la Légion d'honneur, et son frère Jules Rallier, capitaine de frégate, chevalier de la Légion d'honneur, sont entrés dans la marine, le premier en 1840, le second en 1846. Le récit de leurs voyages et de leurs campagnes, la longue suite de leurs états de service rempliraient bien des pages : nous nous contenterons de dire ici que leur nom est justement estimé et ap-

précié dans la marine. Ils ont vu le feu un peu partout :
Jules Rallier, au Sénégal et à Salé ; Louis Rallier, à Taïti, au
Mexique, à Sébastopol où, pendant un an, il commanda une
de ces formidables batteries de marine, la batterie n° 10,
chargée spécialement de battre et de ruiner un des plus importants ouvrages de la place assiégée, le bastion du Mât.

Nous terminerons ici cette notice. Il nous eût été facile de
nous étendre davantage sur les survivants de la famille Rallier ;
mais, déférant au désir qui nous a été exprimé par l'un d'eux,
nous avons dû nous contenter de les mentionner aussi suc-
cinctement que possible : « L'histoire des morts, nous a-t-il
» dit, est faite surtout pour servir de leçon et d'encourage-
» ment aux vivants ; il ne faudrait pas qu'elle parût écrite
» pour leur servir de piédestal. »

Lucien DECOMBE,

Membre de la Société Archéologique d'Ille-et-Vilaine.

ANNEXES

Médaille commémorative de l'incendie de Rennes.

Pour perpétuer le souvenir du terrible incendie de 1720, il fut frappé à Paris, en 1723, une médaille qui, paraît-il, est peu connue des numismates. Elle n'existait pas dans la collection du Musée de Rennes lorsque nous l'avons signalée à la Société archéologique d'Ille-et-Vilaine, ainsi qu'à l'Administration municipale qui a pu, depuis, se la procurer pour la déposer au Musée.

Elle représente d'un côté le buste du roi Louis XV avec cette légende : LUDOVICUS XV. D. G. FRAN. ET NAV. REX. Au revers, le roi debout ; à ses pieds la ville de Rennes représentée par une femme tourellée, à genoux, lui montrant l'écusson brisé de ses armes ; dans le fond, la ville en proie aux flammes. Légende : RESTAURATORI SUO. Exergue : URBS RHEDONUM E CINERIB. RENASCENS. MDCCXXIII.

Cette médaille, du module de 41 millim., est l'œuvre du graveur J.-C. Roëttiers.

L. D.

ANNEXE B

Organisation des secours en cas d'incendie.

Extrait du Registre des délibérations de la Communauté

DU 28 MAI 1721

Assemblée tenue ledit jour où présidait M. le Maire.

M. le Maire a dit à la Compagnie que par délibération du 3 avril dernier ayant été nommé des Commissaires pour travailler ensemble à rédiger un mémoire de réglement de ce qui peut le plus contribuer à préserver le malheur des incendies en cette ville, afin de le faire homologuer ensuite par arrest du Conseil pour son exécution, ils se sont en conséquence plusieurs fois asssemblés à cette fin & en ont enfin rédigé un qui contient jusqu'à 50 articles qu'il a en l'endroit représenté & duquel ayant esté fait lecture, & ensuite les avis pris,

La Communauté a décerné acte à M. le Maire de la représentation & lecture qui a esté faite dudit mémoire en forme de réglement, lequel elle a loué & approuvé en tout son contenu & ordonné en conséquence qu'il sera incessamment envoyé à Monseigneur l'Intendant actuellement à Paris pour en obtenir l'homologation au Conseil & qu'au surplus il sera inséré sur le registre pour y servir de mémoire, Ce qui a esté fait comme en suit ;

1.

Qu'aux frais & à la diligence de la Communauté il sera acheté en Hollande trois pompes qu'on en fera venir pour servir à éteindre le feu en cas d'incendie.

2.

Que les Maire & Echevins nommeront huit personnes pour conduire chaque pompe, & deux autres intelligentes pour en tourner & diriger à propos les tuyaux vers le feu, avec deffences de les abandonner pendant l'incendie sous peine de prison, avec injonction d'empescher qu'il n'y soit versé que de l'eau nette & pure, & au surplus de faire jouer & exercer les pompes au moins quatre fois l'année, de quoy ils seront avertis par les Maire & Echevins.

3.

Qu'il sera fait à l'Hôtel de Ville un état des chartiers d'icelle & de ses faubours contenant leurs noms, surnoms & demeure, la quantité de chevaux qu'ils peuvent avoir, lesquels seront obligés de fournir au premier avertissement du tocsin le nombre de chevaux avec leurs traits & colliers qu'il leur sera ordonné par les Maire & Echevins pour la conduite desdites pompes aux lieux des incendies, & les ramener après que le feu sera éteint aux lieux où elles seront gardées sous peine contre les défaillans ou contrevenans de 20 livres d'amende, parce qu'aussi ils seront payés du port & rapport desdites pompes suivant le réglement qui en sera fait par les Maire & Echevins.

4.

Qu'il plaira à Sa Majesté d'accorder aux particuliers qui seront nommés pour la manœuvre, le service & la direction des pompes, & à ceux qui seront chargés de les entretenir, l'exemption de logement des gens de guerre, de guet & de garde pour tout salaire de leur travail de l'année, & à l'égard de ceux qu'ils rendront lors de chaque incendie

& l'entretien, le salaire en sera réglé par les Maire & Echevins ainsi
qu'il sera jugé à propos.

Que par lesdits Maire & Echevins il sera dressé un état & rolle de
tous ceux qui seront obligés d'avoir & de fournir des seaux de cuir
pour servir en cas d'incendie, lesquels seront tous d'une grandeur &
fabrique égalle, & ledit rolle exécuté nonobstant oppositions ou autres
empeschemens après qu'il aura esté aprouvé par Monseigneur Feydeau
de Brou, commissaire departi par Sa Majesté dans la province, auquel
il luy plaira d'attribuer à cet effet, circonstances & dépendances, toute
cour & jurisdiction.

Pour assurer l'exécution de ce que dessus il sera permis à la Communauté de faire faire lesdits seaux de cuir, & que tous ceux qui
seront obligés d'en avoir & d'en fournir seront tenus de les prendre
des Maire & Echevins, & de leur en rembourser la valeur sur le pied
de l'avance de l'achapt & frais de voiture seulement.

Que dans ledit rolle seront compris tous les propriétaires de maisons ou d'apartemens, même les locataires d'apartemens de 400 livres
de rente qui seront tenus d'avoir & de fournir un desdits seaux de
cuir pour chaque maison, apartement ou ferme de 400 livres, de les
conserver, les faire sécher après qu'ils auront servi, les faire recoudre
s'ils en ont besoin, gresser & gaudronner bien & dûment, & les aporter
en bon état d'entretien & de service au lieu de l'incendie au premier
son du tocsin ou avertissement desdits Maire & Echevins.

8.

Que pareillement tous les marchands magasiniers, marchands de
vin & autres gros marchands qui ne sont point de corps seront tenus
de fournir chacun un desdits seaux de cuir,

9.

Que dans le même état seront employés les corps des arts & métiers qui ont maîtrise dans la ville & faubours, lesquels seront tenus d'avoir en chacun desdits corps & communauté le nombre de six seaux de cuir, dont ils feront faire bonne & sûre garde par leurs sindics ou provôst en charge, qui les feront aporter en l'endroit du feu & raporter après l'incendie dans le lieu qui sera par eux choisy pour les conserver & entretenir, ainsi qu'il est marqué cy-dessus, art. 7, & qu'à cet effet ils préposeront l'un d'entr'eux, le tout sous peine de 20 livres d'amende en cas de contravention de leur part & de ceux contenus au précédent article.

10.

Que tous ceux qui seront à l'avenir receus maîtres dans les arts & métiers de ladite ville & faubours ne pourront être receus et admis à prester serment, ny aucun de ceux où il n'y a point de maîtrise à ouvrir boutique sans qu'il paroisse par un certificat du greffier de l'Hôtel de Ville qu'ils y ont fourni à leurs frais un seau de cuir.

11.

Que lesdits seaux tant des marchands magasiniers, marchands de vin & autres gros marchands qui ne sont point de corps, que des nouveaux maîtres des arts & métiers, & de ceux où il n'y aura point de maîtrise qui auront ouvert boutique seront gardés & déposés à l'Hôtel de Ville, conservés & entretenus en bon estat aux frais de la Communauté, & ceux qu'elle aura chargé de leur entretien bien & dûment payés de leur travail & de leur dépense.

12.

S'il se trouve quelques seaux de cuir perdus ou brûlés auxdits incendies, ils seront rétablis par les douze maisons les plus proches du feu qui y auront esté les plus exposées.

13.

Que pour connoître ceux des habitants qui auront manqué d'aporter leurs seaux de cuir aux incendies au premier son du tocsin, il sera délivré aux commissaires de police un nombre suffisant de jettons de cuivre frappés aux armes de la Ville, lesquels en recevant les seaux donneront autant de jettons que les particuliers seront tenus de rendre en revenant à l'Hôtel de Ville reprendre leurs seaux où ils seront d'abord tous portés après l'incendie, & que sur la vérification de ceux qui auront manqué de fournir leurs seaux suivant le rolle qui aura esté précédemment fait & publié, les défaillans ou contrevenans seront contrains au payment de la somme de 20 livres applicable aux ouvriers qui auront utilement travaillé, ce qui sera exécuté sur le champ sans autre formalité de justice, & à l'égard des corps des arts & métiers les sindics & provosts en celle de 50 livres applicable comme dessus & par les mêmes voies.

14.

Que deffences seront faites à tous habitans de faire servir lesdits seaux de cuir à leur usage ordinaire, & si 24 heures après l'extinction du feu, au lieu de porter les seaux à l'Hôtel de Ville quelqu'un se trouvait saisy desdits seaux perdus ou qu'il les eust recélé, caché ou mis en lieu interposé à dessein de les détourner, il sera puni d'amende, même de punition corporelle suivant les circonstances.

15.

Que chaque propriétaire de maison dans la ville & faubours sera tenu d'avoir à faire faire à ses frais une hache sur laquelle son nom sera empreint pour en cas de vol être plus facilement reconnue, laquelle sera du même poids et grandeur que le modelle qui sera déposé à l'Hôtel de Ville; & si le propriétaire ne demeure pas dans la maison il chargera ses locataires de ladite hache, sinon ils la feront faire parce qu'ils en auront diminution sur le prix de leur ferme, & les uns les autres tenus de la délivrer au lieu de l'incendie au mo-

ment que le tocsin aura sonné, & elle sera rendue de la même manière et en la même forme exprimée à l'égard des seaux de cuir, & si
lesdites haches sont détournées ou recélées, ceux qui s'en trouveront
saisis 24 heures après l'extinction de l'incendie seront punis du fouet.

16.

Qu'à la diligence & aux frais de la Communauté il sera fait le
nombre de soixante fourches & vingt crochets de fer frappés aux armes de la Ville, pour servir aux incendies, & qu'ils seront rapportés
24 heures après que le feu sera éteint, par ceux qui en auront été
saisis, & les particuliers qui se trouveront les avoir recélés après le
dit temps seront aussi punis du fouet.

17.

Que pareillement aux frais de la Communauté il sera fait six cables
pour servir à la démolition des maisons, qui seront aussi rapportés &
conservés à l'Hôtel de Ville.

18.

Qu'il sera fait à l'Hôtel de Ville un état de tout ce qu'il y a d'en-
trepreneurs de bâtimens ou de maîtres architectes dans ladite ville &
faubours, qui seront tenus au premier avertissement du tocsin de se
rendre au lieu où le feu aura pris, pour exécuter les ordres qui leur
seront donnés & faire travailler les artisans aux démolitions nécessaires.

19.

Qu'il sera nommé à l'Hôtel de Ville huit maîtres charpentiers qui
au premier son du tocsin seront obligés de se rendre au lieu de l'incendie, chacun avec six de leurs ouvriers munis de leurs haches, &
qu'à cet effet lesdits charpentiers donneront les noms, surnoms &
demeures au greffe de l'Hôtel de Ville desdits ouvriers qui seront
tenus de travailler avec eux & sous eux aux dits incendies.

20.

Que la Communauté nommera aussi trante couvreurs de la ville et faubours, dont elle marquera les noms & demeures, qui se rendront au premier son de la cloche au lieu de l'incendie avec leurs outils pour découvrir les maisons qu'on jugera à propos d'abattre, & travailler suivant les ordres qui leur seront donnés.

21.

Que si quelqu'un desdits charpentiers, ouvriers ou couvreurs manque & contrevient à tout ce que dessus, les maîtres charpentiers seront condamnés chacun en 30 livres d'amende, qui ne pourra être réputée comminatoire, & les ouvriers charpentiers ou couvreurs punis d'un moys de prison.

22.

Que si leurs haches & outils se trouvent rompus, perdus ou brûlés, ils en feront sur le champ la déclaration aux Commissaires de police qui seront sur les lieux, lesquels marqueront leurs noms, surnoms, demeures & professions, pour être ensuite pourveu par la Communauté au payment des dites haches & outils & au salaire de ceux qui auront travaillé utilement.

23.

Qu'il sera fait très-expresses inhibitions et deffences aux habitans de jetter ny faire descendre par leurs fenestres ou greniers sur la rue paillasses, fagots ny meubles sous peine de 100 livres d'amende, & ceux qui se trouveront en péril du feu ou dont les maisons seront démolies pourront seulement faire descendre leurs meubles par les degrés & escaliers & les transporter ainsi sur la rue.

24.

Que les matereaux de bois de charpente ou de menuiserie des maisons qui seront démolies pour empescher les prograis du feu seront sur le champ enlevés & emportés dans les places publiques & autres lieux éloignés du feu par les charetiers.

25.

Que pour cet effet il sera dressé à l'Hôtel de Ville un estat de ceux qui ont des harnois jusqu'à demi-lieue de la ville, qui seront tenus de s'y rendre au premier son du tocsin avec leurs harnoys, charettes & cordages, avec deffences de désemparer sans permission par écrit des juges de police, & injonction de rester en la place voisine du feu pour être prest d'oster et transporter lesdits matereaux & exécuter les ordres qu'on leur donnera, à moins qu'ils ne fussent lors occupés au service de leurs maîtres & propriétaires pour déloger & transporter leurs meubles, sous peine aux contrevenans en autres cas de 30 livres d'amende qui ne pourra être réputée comminatoire, & parce qu'aussi ils seront payés de leur travail & journée.

26.

Que tous les habitans seront tenus de servir au transport de l'eau qui sera nécessaire à éteindre le feu, & si quelqu'un refuse de le faire il sera sur le champ constitué prisonnier par l'ordre d'un des commissaires de police, & puni suivant l'exigence du cas.

27.

Que les propriétaires & locataires des maisons de ladite ville & faubours dans les cheminées desquels le feu aura pris faute d'avoir esté ramonées ou nettoiées deux fois l'année seront condamnés solidairement en 30 livres d'amende qui ne pourra estre remise ny modérée, & qu'à cet effet les commissaires de police seront tenus de faire au moins tous les ans deux visites dans les maisons de leur département, & de raporter des procès-verbaux des cheminées qui n'auroit pas été nettoiées pour être ensuite les contrevenans condamnés en l'amende.

28.

Qu'il sera donné des gratifications aux ouvriers, artisans, & à toutes personnes qui se seront donné des soins extraordinaires lors des incendies & que le fond en sera pris en vertu des ordonnances de Monseigneur Feydeau soit sur les deniers communs, patrimoniaux & d'octroy de ladite ville, soit sur les particuliers qui pourront avoir donné lieu aux incendies dans les cas où il échoira de les condamner en des peines dont le prix sera employé au payment desdites gratifications.

29.

Que les officiers de milices bourgeoises feront prendre les armes au premier son du tocsin à dix hommes par compagnie qui seront prests soit de jour ou de nuit à se transporter sur les lieux des incendies & aux environs, & à écarter & retirer les spectateurs hors d'état de servir, & empescher au surplus le désordre & les vols, même pour accélérer le transport des pompes, seaux de cuir, haches, fourches de fer, crochets, cables & autres choses nécessaires, après en avoir donné avis au Comendant dans la ville.

30.

Que dans les rües où le feu aura pris & lieux circonvoisins les habitans seront tenus de mettre à leurs portes sur le pavé, chacun en droit soy, une barrique plaine d'eau, & de la remplir à mesure qu'on la videra, à peine de 10 livres d'amende.

31.

Qu'après que le feu aura paru éteint, comme il peut arriver qu'il en demeure caché sous les démolitions & ruines des maisons & lieux incendiés, il sera laissé un nombre suffisant d'habitans avec leurs armes & un officier de milices bourgeoises à leur teste pour observer les lieux incendiés & jusqu'à ce qu'on soit pleinement assuré que le feu sera éteint & qu'il n'y aura plus rien à creindre.

32.

Que les particuliers qui seront surpris emportant ou détournant des meubles ou effets lors des incendies, sans ordre ou permission des Maires & Echevins & Commissaires de police, & sans la participation des propriétaires, seront sur le champ envoyés en prison pour être punis suivant la gravité du crime par les juges à qui la connoissance en appartiendra.

33.

Que deffences seront faites à toutes personnes de faire du feu & d'en conserver dans les lieux où il n'y aura point de cheminée, que dans des fourneaux de brique, vases ou pots de fer ou de terre.

34.

Qu'il sera semblablement fait deffences à tous particuliers de boucher les cheminées avec foin ou paille, sauf à eux lorsqu'ils n'en voudront faire aucun usage à le faire faire par le haut, de massonnat de brique couvert d'ardoise.

35.

Qu'il sera pareillement fait deffences à toutes personnes de faire du feu et de porter de la lumière hors de la lanterne ou fanal dans les magasins, boutiques & lieux où il y aura des marchandises de filasse, rézine, térébantine, souffre, poix, graisses, huilles, lin, chanvre, étoupe, charbon, suif, laine, eau-de-vie, bois, mottes à brûler, & autres matières combustibles, & d'aller avec de la chandelle ou autre lumière si elle n'est enfermée dans une lanterne ou fanal, dans les greniers à foin et paille, dans les granges, écuries ou endroits où il y aura des coupeaux, sieures de boys, foin, paille, fagots, & de fumer dans lesdits lieux, avec injonction aux aubergistes, messagers, loueurs de chevaux & tous autres ayant écuries, d'avoir des lanternes closes & suspendues pour y mettre la lumière nécessaire à leurs écuries; le tout sous peine de 10 livres d'emende.

36.

Qu'il sera fait deffences aux massons & autres ouvriers de construire aucunes places à faire feu come fours, forges, assises de chaudières à faire laissives & étuves sans permission des juges de police
qu'ils donneront sur le raport d'un commissaire qui aura visité le lieu
en présence d'un expert, même de construire & réparer aucuns foyers
établis sur poutres de bois, soliveaux, charpentes, avec injonction
aux Commissaires de police de faire démolir ce qui pouroit être fait
de cette manière, pour l'établir sur des massonneries ou barres de fer.

37.

Que deffences seront aussi faites aux fourniers de loger dans les
greniers & au dessus de leurs fours les glaines & bois propres à les
chauffer, avec injonction de les placer à la distance de 60 pieds de
toutes maisons.

38.

Qu'il sera enjoint aux massons & autres ouvriers d'avertir les propriétaires & locataires de tout ce qui pouroit exposer les maisons au
péril du feu, lesquels seront tenus d'y pourvoir, & en cas de négligence de leur part il sera enjoint aux dits ouvriers de le déclarer aux
Commissaires & Procureur du Roy de police.

39.

Qu'il sera ordonné que les cheminées seront pour le moins élevées
au-dessus du toit des maisons de cinq pieds, & les tuyaux construits
de bonne matière, de façon que les ramoneurs y puissent monter
facilement pour les nettoyer; & quel celles qui se trouveront trop
étroites seront démolies.

40.

Que deffences seront faites de placer des chaudières, fourneaux &

forges sur des caves non voutées ny près de clouaisons de charpente quoyque couvertes de brique.

41.

Que pareilles deffences seront faites de placer l'endroit où sera le boys près du lieu où l'on fera le feu, & ordonne que toutes les fois qu'il ne restera personne dans les maisons ou lieux où il y aura du feu, il sera couvert de cendre & d'un couvre-feu de fer ou de terre.

42.

Qu'il sera deffendu de transporter du feu d'un lieu en un autre autrement que dans des vaisseaux de terre ou de métal.

43.

Qu'il sera fait deffences de ramasser ou de mettre des cendres dans aucun réservoir ou vaisseaux de boys, mais qu'elles seront uniquement mises dans un endroit construit de massonnerie ou dans un buyer de terre éloigné de planches, bois et charbon.

44.

Que deffences seront faites à toutes personnes d'apuyer chandelles, flambeaux & autres lumières & de les éteindre près des maisons, portes & caves d'icelles.

45.

Come aussi à toutes personnes de jetter des feus d'artifices & fuzées à peine de prison, avec injonction aux pères, mères & maîtres de veiller sur ce point à la conduite de leurs enfans, écoliers & domestiques sous peine d'en répondre en leurs propres & privés noms.

46.

Pareilles deffences de faire sécher de la poudre à tirer dans la ville, aux particuliers d'en avoir plus de trois livres & aux marchands plus de 20 livres à la fois ny de faire aucuns feus d'artifice dans les maisons de la ville & faubours.

47.

Come aussi de faire entrer dans la ville du foin mouillé, de l'entasser & loger en cet estat, & de conserver de la chaux vive dans un lieu où l'eau peut tomber & où il y a du bois.

48.

Pareillement de faire sécher du chanvre, lin & étoupe, les presser, battre et façonner à la chandelle, de brûler goudron, raisine, fondre suif, graisse & cire dans les maisons près les fours & fourneaux.

49.

Qu'il sera enjoint aux boulangers, fourniers & cabarettiers, bouchers, aubergistes, maréchaux, taillandiers, cloutiers & à toutes personnes de prévenir avec soin les accidents du feu, & à tous bourgeois qui remarqueront de la négligence dans leurs voisins de les en avertir amiablement, & s'ils n'y ont égard de les dénoncer, & Ordonne que tous contrevenans aux deffences & injonctions cy-dessus seront sujets à l'amende suivant l'exigence du cas.

50.

Que s'il arrive un incendie ou alarme de feu par la négligence de celui qui habite la maison ou de ses domestiques, si le tocsin a sonné il sera condamné en 100 livres d'amende, & s'il n'a pas sonné en celle de 30 livres.

Signé : RALLIER.

NotA. — Ce réglement fut l'objet dans la suite de nombreuses modifications, et ce ne fut que treize ans plus tard, après avoir été réduit à douze articles, qu'il fut homologué par un arrêt du Conseil d'Etat du 8 février 1735, et publié sous le titre de : *Réglement général pour les pompes et seaux destinés à servir en cas d'incendie (imprimé à Rennes, chez Guillaume Vatar, imprimeur du Roy et du Parlement, au coin du Palais, à la Palme-d'Or. M. DCC. XXXV).*

L. D.

ANNEXE C

GABRIEL (Jacques), architecte, élève et parent de Mansard, est né à Paris en 1667. En 1699 il fut élu membre de l'Académie d'Architecture, et devint architecte du roi qui le nomma inspecteur des bâtiments et manufactures, ingénieur des ponts-et-chaussées du royaume, et le décora de l'ordre de Saint-Michel.

On lui doit les plans des principaux quartiers de Bordeaux, de Nantes et de Rennes, les hôtels de ville de Dijon et de Rennes, les plans du grand égout de Paris; dans cette dernière ville il termina le Pont-Royal qu'avait commencé son père.

Il mourut en 1742, laissant un fils, Jacques-Ange Gabriel, qui fut lui-même un architecte de talent, et qui, dès 1728, siégeait à côté de son père à l'Académie d'Architecture. C'est à Gabriel le fils que l'on doit notamment la restauration du Louvre en 1755, celles de la cathédrale d'Orléans et du château de Compiègne, la construction de l'Ecole militaire, à Paris, et des deux hôtels qui forment la face nord de la place de la Concorde, dont l'un est occupé par le ministère de la marine et l'autre est connu sous le nom d'hôtel Crillon.

L. D.

ANNEXE D

—

Coysevox (Antoine), né à Lyon le 29 septembre 1640, commença dans cette ville l'étude de la sculpture et vint travailler à Paris, en 1657, dans l'atelier de Louis Lerambert. Le 11 avril 1676, il fut reçu professeur à l'Académie royale de peinture et de sculpture, et en devint successivement recteur, directeur et enfin chancelier perpétuel. Louis XIV lui fit une pension de 4,000 livres. Il mourut à Paris le 10 octobre 1720.

Parmi les principaux travaux de Coysevox on doit citer les sculptures du palais Furstemberg, à Saverne; — à Versailles, *l'Abondance réparant les maux causés par la Famine,* groupe en pierre; — la *Justice* et la *Force,* statues en pierre; — *Louis XIV* à cheval, couronné par deux génies, bas-relief en stuc, de 4 mètres de hauteur; — un vase de 7 pieds de hauteur et de 5 pieds et demi de diamètre, orné de superbes bas-reliefs; — un grand nombre de *statues allégoriques* et de *bas-reliefs* en bronze, en marbre, en pierre; — à l'église des Invalides, une statue de *saint Charlemagne,* de 11 pieds de hauteur; la *Justice,* la *Tempérance,* la *Prudence* et la *Force; saint Athanase; saint Grégoire de Nazianze; un ange tenant un casque au bout d'une pique;* les mausolées de *Colbert,* dans l'église Saint-Eustache, à Paris; de *Mazarin,* au musée du Louvre; de *Charles Lebrun,* dans l'église Saint-Nicolas-du-Chardonnet; du *maréchal de Créqui,* dans l'église Saint-Roch; — un grand nombre de bustes, notamment ceux de Louis XIV, de Louis XV, de la reine Marie-Thérèse, de Colbert, Vauban, Mansard, Richelieu, Bossuet, Fénelon, Turenne, Boileau, Louvois, Lenôtre, etc., etc.

Une des œuvres les plus importantes de Coysevox fut la *statue équestre de Louis XIV,* érigée sur la place du Palais à Rennes, et malheureusement détruite pendant la Révolution. Un écrivain contemporain de Coysevox, Jean Fermelhuis, en parle dans ces termes : « On ne peut la voir sans admiration, parce que la vie y paraît ani- » mer le bronze d'une manière qu'on pourroit croire qu'elle va pro- » duire quelque mouvement. »

Cette statue, haute de 15 pieds, reposait sur un piédestal en marbre orné de bas-reliefs en bronze que l'on a pu heureusement conserver, et qui figurent aujourd'hui au Musée de Rennes.

L. D.

ANNEXE E

Médaille commémorative de la construction de l'Hôtel-de-Ville.

Les documents de l'époque font connaître que la médaille d'or pesait 6 onces 1/2 gros; elle coûta 606 livres 5 sous; les vingt médailles d'argent pesaient ensemble 9 marcs 7 onces 5 gros, et coûtèrent 726 livres 11 sous 6 deniers; les médailles de bronze coûtèrent chacune 6 livres. La gravure de la médaille monta à 1,500 livres et il fut accordé une gratification de 400 livres au graveur, en dédommagement d'un accident arrivé à un premier carré qu'il avait exécuté, et qui fut brisé sous le balancier. La dépense totale s'éleva à 4,020 livres.

Le Musée de Rennes possède deux exemplaires de cette médaille, un en argent et l'autre en bronze; elle est ainsi décrite dans le catalogue de l'établissement : D'un côté le buste du roi avec la légende : LUDOVICUS XV REX CHRISTIANISSIMUS. De l'autre, la ville de Rennes représentée par une femme tourellée, debout, tenant de la main droite la haste pure, la gauche appuyée sur un écusson aux armes de la Ville avec la devise : A MA VIE. En légende : RHEDONÆ INCENSÆ ANNO 1720. RESTAURATORÆ ANNO 1731. Exergue : MDCCXXXII.

Cette belle médaille, du module de 59 millim., est l'œuvre du graveur J.-C. Roëttiers.

L. D.

ANNEXE F

Frais des funérailles de M. Rallier.

Extrait du registre de la Communauté.

Fourni par les sieurs Nicolazo & Borée, 197 livres de cire
à 33 sols la livre . . . . 325 ₶ 1 s
Le cierge d'honneur, 3 livres 4 sols . . . . 3 ₶ 4 s
Par la Vᵉ Chevillard, en cire . . . . 104 ₶ 14 s
Aux Recteur & prêtres de Saint-Etienne, pour leurs ré-
tributions . . . . 78 ₶ 17 s
A l'hôpital, pour les tentures . . . . 56 ₶ 15 s
A Julien Leduc, vitrier, pour les écussons . . . . 70 ₶
Au sieur Longchamps, marchand, pour les crais sur
les quaisses . . . . 31 ₶ 10 s

Le tout faisant ensemble la somme de 664 livres un sol, suivant
mémoires.

ANNEXE **G**

—

Pose de la première pierre des édifices municipaux.

———

Extrait du registre des délibérations
de la Communauté

DU LUNDY 12 AVRIL 1734

———

En l'assemblée de M^rs les Sindics de la Ville & Communauté de
Rennes où étoient présents

Messieurs

De Troncq ⎱ connétables.	Le Roy.
Dutertre ⎰	Clémenceau.
Bodin, sindic.	Vallée.
Ballan.	Ribault.
Gouin.	Bertaud.
De la Croix.	Beauregard Le Breton.
Bureau.	Le Barbier.
Bertelot.	Bioche.
Gazon.	Du Liepvre, procureur au Présidial.
Cassard.	Roullin.
De la Rue.	Du Breil le Breton cadet.
Du Breil le Breton.	Ranzegas le Breton.
Laceron.	Lelouë, greffier.
Dorré.	Coullon ⎱ miseurs,
Ulliac,	Estin ⎰

Monsieur Bodin a dit à la Compagnie que par délibération du 8 de ce mois il fut arresté qu'elle iroit en Corps saluer M. le Comte de Volvire, Lieutenant de Roy des quatre Evêchés de la Haute-Bretagne, Rennes, Saint-Malo, Dol & Saint-Brieuc, Brigadier des Armées du Roy, Chevalier de l'Ordre Royal & militaire de Saint-Louis, chargé des ordres de S. A. S. Monseigneur le Comte de Toulouse, Amiral de France & Gouverneur pour le Roy en la province de Bretagne, pour placer les médailles que la Communauté a fait frapper du portrait de Sa Majesté dans les fondations des bâtiments qu'on élève en la place Royale de cette ville, & le prier de trouver bon que la Communauté se joignît à luy pour l'accompagner à cette opération. Et Messieurs de la Communauté s'étant assemblés ce jour en leur hôtel, ils en ont party aux dix heures et demye du matin, & sont allés en Corps en habit de Cérémonie à l'hôtel de mondit sieur le Comte de Volvire, où après que mondit sieur Bodin luy a fait un compliment en termes fort gracieux, auquel il a répondu de même, il s'est mis à la teste de la Communauté & a marché entre M^{rs} les Connétables, précédés immédiatement du héraut de la Ville en cottes d'armes, des trois huissiers en robe, des gardes de M. le Comte de Volvire, des gardes avec leurs Capitaine & Lieutenant & halbardiers de la Communauté, les milices sous les armes et bordant la haye depuis son hôtel jusqu'à la place Royale où l'on s'est rendu dans cet ordre. Et à l'arrivée de la place il s'est fait une décharge de canons & de toute l'artillerie. Au moment le sieur Abeille fils, pour le sieur Abeille son père, Ingénieur en chef de cette ville, absent, accompagné du sieur Lesaché, adjudicataire & entrepreneur des dits édifices, faisant pour luy & le sieur de Verneuil son associé, se sont avancés pour présenter un tablier de satin blanc à M. le Comte de Volvire, au haut de la bavette duquel était un soleil lumineux avec un écusson couronné renfermant au-dessous trois fleurs de lys pour armes de France, au milieu du tablier une Minerve assise portée par des nuages, tenant un compas de la main droite, prenant des mesures sur une carte déroullée sur ses genoüils, de la main gauche tenoit une pique, coueffée d'un casque, habillée d'un corcelet d'armure avec une teste de Méduse au milieu dudit corcelet; sous son bras gauche elevé un Cupidon aislé tenant un cartouche, sur l'écusson trois fleurs de lys & un chevron brisé y représentant les armes de Monseigneur le Comte de Toulouse, au-dessous des nuages une banderolle en festons suspendue par chaque bout par un Cupidon ailé portant pour devise *ad utrumque parata*, & dans les festons des fleurs de lys & hermines représentant les armes de la province, & au milieu de ladite banderolle étaient suspendues les armes de M. le Comte de Volvire, lequel tablier a été attaché par ledit sieur Lesaché au-devant de mondit sieur le Comte de Volvire. Ensuite de quoy il s'est transporté dans le même ordre au pied de la tour de l'horloge où lui a été présenté par M. de Troncq, connétable, dans un bassin d'argent une bouette de plomb soudée dans laquelle est renfermée une médaille représentant d'un costé le portrait du Roy Louis 15 reignant, avec ces termes autour, *Ludovicus 15, Rex Christianissimus*, & de l'autre une figure représentant une déesse tenant de la main droite une picque & de la main gauche un écusson aux armes de la Ville sur lequel elle s'appuie, & autour est écrit : *Rhedonæ incensæ anno 1720. Restauratæ anno 1731*. Et au-dessous *1732*. Laquelle bouette a été mise au bruit du canon, des trompettes, des tambours & des violons par mondit sieur le Comte de Volvire au fond d'un trou creusé exprès en une pierre trois pieds plus bas que le pavé sous le massif d'avant corps au midy de ladite tour du costé de la place, servant de socle aux colonnes du premier étage. Et au moment ledit Lesaché luy a présenté une truelle d'argent avec laquelle il a pris du mortier dans un plat d'argent qui luy a été présenté par un enfant de six ans, en a mis sur ladite bouette suffisamment pour la couvrir & a frappé plusieurs coups d'un marteau d'argent. Ensuite ladite bouette a été recouverte d'une pierre de grain & maçonnée au pourtour. Cela fait M. le Comte de Volvire s'est transporté dans le même ordre au bâtiment de l'Hôtel de Ville où luy ayant été présenté une pareille bouette de plomb où est renfermée une semblable médaille par M. Bodin, sindic de la Communauté, dans le même bassin d'argent, il l'a prise & placée dans un trou fait pour la recevoir sous la première boutisse du jambage de la porte principale dudit Hôtel de Ville, au rez-de-chaussée du vestibule & au même orient que la tour. Ensuite de quoy le trou a été couvert d'une pierre de grain taillée toute preste. De là on s'est transporté dans le même ordre au bâtiment du Présidial pour poser une pareille bouette dans un trou fait exprès entre la première & la seconde assise au-dessus du pavé dans l'angle de l'avant-corps & le pied-droit de l'arcade attenant la porte principale d'entrée du vestibule sur la place, au même orient qu'aux deux précédents édifices, & la bouette de plomb dans laquelle est enfermée une troisième médaille semblable aux autres a été présentée dans le même bassin d'argent par M. Dutertre, second connétable, à M. le Comte de Volvire qui l'a mise à place dans un trou semblable aux autres & dans la même forme. Et pendant toute cette cérémonie il a été fait plusieurs décharges de canons & de l'artillerie, & les peuples ont crié Vive le Roy. Et après cela M. le Comte de Volvire & la Communauté ont sorti de la place dans l'ordre qu'ils y étoient arrivés, & se sont rendus à l'Hôtel de Ville, les rues bordées par les milices, lesquelles étant arrivées sur la place de la Monnaie, M. le Comte de Volvire en a fait la revue, après quoy il les a congédiées. Et ayant été préparé à dîner pour le recevoir on s'est mis à table, les violons ont joué, les trompettes ont sonné, la santé du Roy, de la Reine, de Monseigneur le Dauphin, de Monseigneur le Comte de Toulouse & de M. le Comte de Volvire ont été saluées, & à chaque salut il s'est fait une décharge de canons. Et M. le Comte de Volvire s'étant retiré & reconduit, la Communauté s'est rassemblée & après avoir délibéré elle a arresté qu'il serait rapporté procès-verbal & écrit sur son registre une relation de de ce qui s'est fait, ce qui a été dans le moment exécuté ainsy qu'il est cy-dessus rapporté.

Signé : DE TRONCQ. — BODIN.

Rennes, imprimerie Alph** LEROY fils.

www.ingramcontent.com/pod-product-compliance
Lightning Source LLC
LaVergne TN
LVHW020550060726
842525LV00004B/1380